VIE

DE

M. BLACHÈRE

Curé de St-Andéol-de-Fourchades

MORT EN ODEUR DE SAINTETÉ

LE 6 MAI 1741

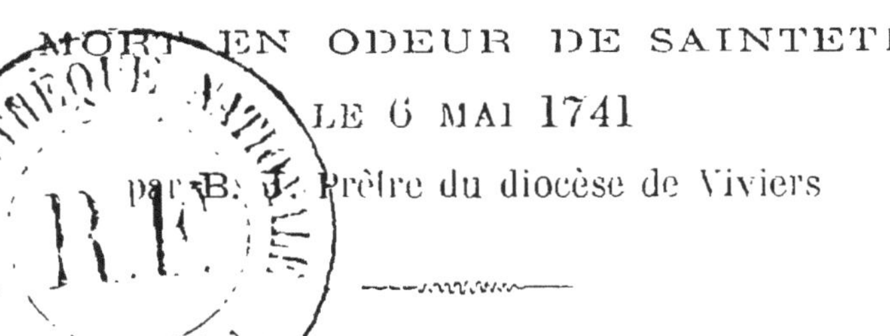

par B. J. Prêtre du diocèse de Viviers

Si quelqu'un veut venir après
moi qu'il renonce à soi-même,
qu'il porte sa croix tous les jours
et qu'il me suive.
(St. Luc, ch. 9, v. 23.)

PRIVAS

IMPRIMERIE TYPOGRAPHIQUE ROURE

—

1877

AVANT-PROPOS

Des pèlerins, en grand nombre, viennent chaque année à St-Andéol-de-Fourchades ; ils s'agenouillent devant une pierre, placée sur une tombe, et prient avec piété, avec confiance et souvent avec reconnaissance un prêtre vénéré, nommé M. Blachère, mort en odeur de sainteté en 1741, et enseveli sous cette pierre, dans un caveau de l'église.

Nous avons demandé à plusieurs d'entre eux le motif de leur pèlerinage, et presque tous nous ont répondu qu'ayant été guéris de certaines maladies, surtout de celle du mal d'yeux, eux ou quelqu'un de leurs parents, en priant saint

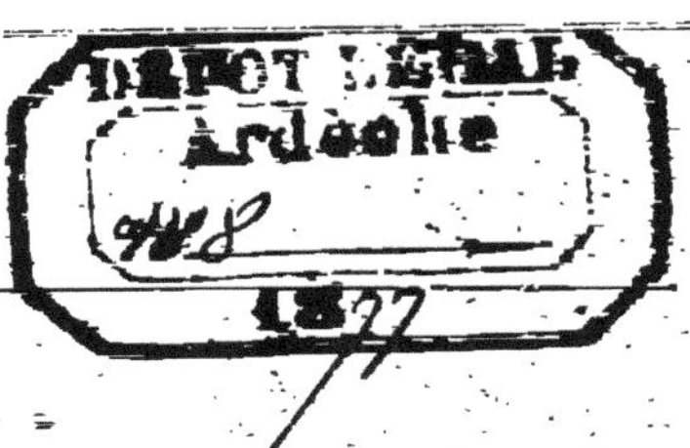

VIE

DE

M. BLACHÈRE

Curé de St-Andéol-de-Fourchades

MORT EN ODEUR DE SAINTETÉ

LE 6 MAI 1741

par B. J. Prêtre du diocèse de Viviers

> Si quelqu'un veut venir après moi qu'il renonce à soi-même, qu'il porte sa croix tous les jours et qu'il me suive.
>
> (St. Luc, ch. 9, v. 23.)

PRIVAS

IMPRIMERIE TYPOGRAPHIQUE ROURE

1877

VIE

DE

M. BLACHÈRE

Curé de St-Andéol-de-Fourchades.

Blachère (c'est l'expression dont ils se servent), ils venaient lui témoigner leur gratitude.

Nous avons été surpris de voir une si grande vénération envers un prêtre, mort depuis plus d'un siècle, et auquel l'Eglise ne rend encore aucun culte ; mais nous ne l'avons pas moins été lorsque, après avoir examiné quelques faits qui nous ont paru marqués du sceau du miracle, nous avons appris qu'on avait laissé dans l'oubli un curé dont les vertus, portées jusqu'à l'héroïsme, lui ont mérité de la part des fidèles une si grande confiance dans son pouvoir auprès de Dieu. Sans doute les malheurs de la Révolution, un ministère pénible qui prenait tous les moments des prêtres, peu nombreux à cette époque, en ont été la principale cause. Pour nous, vivant dans des temps plus heureux, nous avons cru ne pouvoir mieux employer les quelques heures de loisir que nous laissait le saint ministère, qu'en recueillant, comme des perles précieuses, les divers traits de la vie édifiante de ce vénérable curé qu'une

tradition, plus que séculaire, nous a conser-
vés.

C'est dans cette tradition que nous avons
puisé la plupart des faits que nous rapportons ;
nous avons tiré les autres des registres de
l'église de St-Andéol-de-Fourchades et des notes et remarques que M. Blachère écrivait sur
ses livres dont quelques-uns sont heureusement
tombés entre nos mains.

Notre dessein n'a d'abord été que de recueillir des faits dont le souvenir, confié à la
mémoire, souvent ingrate des hommes, aurait
fini par se dénaturer, sinon par s'effacer entièrement, et de placer ces notes à côté des archives
de la paroisse ; mais plusieurs confrères, auxquels nous avons demandé des renseignements
ou communiqué notre projet, ainsi que d'autres
personnes respectables, nous ont beaucoup engagé à livrer à l'édification des fidèles, ce que
nous pourrions recueillir sur la vie de ce saint (1)
prêtre. Nous cédons à leur désir (2).

(1) Voir cette note et les suivantes à la page 63.

VIE

DE

M. BLACHÈRE

Curé de St-Andéol-de-Fourchades,

mort en odeur de sainteté, le 6 mai 1741.

CHAPITRE Ier

Depuis la naissance de M. Blachère en 1663 jusqu'à sa nomination à la cure de St-Andéol-de-Fourchades.

Noël-André Blachère est né le 25 décembre 1663 au village de Laval, paroisse de Sanilhac, près de l'Argentière (Ardèche). Il reçut le même jour le bienfait du baptême. Le prénom de Noël qui lui fut donné lui rappelait qu'il était né le même jour que Notre-Seigneur, et il semble qu'il a voulu rendre le reste de sa vie conforme à la sienne;

celui d'André lui rappelait l'amour que l'apôtre de ce nom avait pour la croix, et lui-même paraissait s'immoler chaque jour sur cette croix par ses grandes austérités

Son père, François-André Blachère, et sa mère, Anne Guichette, tous les deux recommandables par leur piété, jouissaient d'une heureuse aisance, ils faisaient d'abondantes aumônes et leur maison était le refuge des malheureux. Ils eurent trois fils (3) ; Noël-André en était le plus jeune.

La tradition ne nous a conservé sur ses premières années que le fait suivant :

A l'âge de seize ans, alors qu'il faisait ses classes au collége d'Aubenas, aux fins d'entrer dans l'état ecclésiastique, objet de ses plus ardents désirs, il vint, comme d'habitude, passer ses vacances auprès de ses parents ; et, pendant ce temps, il fut soumis à une pénible épreuve : le sacerdoce, qu'il avait envisagé jusqu'à ce moment comme l'état le plus saint, le plus sublime et le plus sûr pour conquérir le ciel et y conduire les âmes qui auraient été confiées à ses soins, ne lui parut plus qu'un état de peine, de sacrifice et de danger pour son propre salut ; découragé, abattu dans ce combat qui se livrait dans son âme, il se décida à rester dans le monde, et fit part à son père de sa détermination. Son père la reçut avec peine, mais il n'était pas de ceux qui veulent faire parvenir leurs enfants, à quelque prix que ce puisse être. Quoi qu'il eût vu avec plaisir ce cher fils monter un jour à l'autel pour offrir le saint sacrifice, il ne le força point d'embrasser une carrière, devenue contraire à ses inclinations. Retirant, toutefois, l'espèce de prédilection dont il usait à son égard, il l'obligea de s'unir à ses deux frères tant pour la manière de vivre que pour le travail. Cependant le jeune Noël ne fut pas longtemps la dupe de l'illusion et du découragement que l'esprit tentateur avait jetés dans son âme. A peine trois jours, passés en partie dans la prière, se furent-ils écoulés qu'il vit ses craintes s'évanouir ; il prit alors la résolution de poursuivre son premier projet ; il en fit part à ses parents qui lui permirent sans peine de retourner au collège pour y continuer et terminer ses classes.

Ses études classiques terminées, le jeune Blachère fut au Séminaire de Viviers pour examiner sa vocation, faire ses cours théologiques et se former aux vertus sacerdotales, si Dieu, par la voix de son directeur, l'appelait à devenir prêtre. Nous avons trouvé, parmi les livres qui lui avaient appartenu, plusieurs cahiers, écrits de sa main, pendant qu'il faisait sa théologie. Ces cahiers, qui formeraient un volume in-4° d'environ six cents pages, démontrent combien il était laborieux ; et, puisqu'il employait si bien le temps consacré à l'étude, on doit conclure qu'il employait également bien le temps consacré aux exercices de piété.

M. Blachère, ayant été ordonné prêtre, fut envoyé à Baix en qualité de vicaire, et, peu d'années après, il fut nommé curé de Juvinas, paroisse alors très-vaste et très-pénible à desservir (4). Il n'y resta pas longtemps (5) ; Monseigneur l'Evêque de Viviers avait besoin d'un prêtre d'abnégation et de sacrifices pour St-Andéol-de-Fourchades, et il jeta les yeux sur le jeune curé de Juvinas, dont il connaissait le zèle et le dévouement, pour aller desservir cette paroisse.

M. de Tautilhac, prêtre aussi recommandable par sa naissance que par sa piété, en était prieur ; mais son âge et ses infirmités le rendaient incapable de faire le service paroissial.

M. Blachère, docile aux ordres de son Evêque, se rendit à sa nouvelle destination. Bien qu'il fût resté peu d'années à Juvinas, les habitants de cette paroisse conservèrent longtemps son souvenir. Ils aimaient à faire l'éloge de ses vertus, et racontaient l'habitude qu'il s'était faite d'aller souvent prier dans une chapelle, dédiée à sainte Marguerite, construite sur une montagne élevée et éloignée d'environ six kilomètres du chef-lieu de la paroisse.

CHAPITRE II

Topographie de St-Andéol-de-Fourchades ; arrivée de M. Blachère dans cette paroisse ; il y fait construire un presbytère ; son zèle pour le salut des âmes.

La paroisse de St-Andéol-de-Fourchades (6) est située dans le canton du Cheylard (Ardèche). Son étendue en longueur, depuis Peyremorte (7), point de jonction des trois arrondissements, jusqu'au rocher de Soulage (8), est de quinze kilomètres : elle était alors (9), en largeur, depuis la rivière de la Dorne jusqu'à celle de l'Escoutay, d'environ huit kilomètres.

Le sol en est très-accidenté et très-varié ; sur la cime, couverte de pâturages, de prairies, de bois de hêtres et de sapins, le seigle peut à peine parvenir à sa parfaite maturité, tandis qu'on cultive divers légumes dans les vallées de la Dorne et de l'Escoutay, et que l'on y recueille de bons fruits.

Sur un col de la petite chaîne de montagne qui la longe, où le vent froid du Nord, parfois glacé, ne cesse presque jamais de souffler que pour faire place à celui du Midi, d'une violence parfois extrême, se trouve la petite église, que la maison du prieuré et celle du sonneur, seules à cette époque, tiraient d'un isolement complet.

A l'arrivée de M. Blachère à St-Andéol-de-Fourchades, un de ses nouveaux paroissiens lui dit : « Il doit vous être, sans doute, bien pénible de venir sur ces montagnes, étant né dans un climat tempéré comme celui de Sanilhac, et après avoir habité Baix et Juvinas ? »

« Je vous prie de vouloir bien vous détromper, « lui répondit M. Blachère ; je viens ici avec plai- « sir, et j'irai avec le même plaisir partout où « mon Evêque voudra bien m'envoyer, l'église « fût-elle placée sur le rocher le plus escarpé du « diocèse. Et puis, ajouta-t-il, n'y a-t-il pas ici « comme ailleurs un ciel à mériter et des âmes « à sauver ? »

Le prieuré, maison peu spacieuse, étant habité par M. de Tautilhac, le nouveau curé, fut obligé d'aller prendre un logement au village de Pras, à plus d'un kilomètre de distance. Tous les jours et plusieurs fois le jour, il était obligé de faire le trajet de son habitation à l'église, par un mauvais chemin. Il est aisé de voir combien ce trajet devait lui être pénible, surtout dans les temps froids et pluvieux, contre lesquels il est si difficile de se garantir dans un lieu exposé à tous les vents. Ces peines journalières n'auraient été cependant que conformes à son esprit de mortification et de pénitence, et il eût volontiers continué d'habiter dans un village qui lui donnait plusieurs fois le jour l'occasion de souffrir ; mais il en résultait un grave inconvénient, celui de n'être pas toujours à la portée de ceux qui venaient réclamer son ministère. Il est bien vrai que pour y obvier, il se tenait la majeure partie du temps et dans l'église, où il récitait son office et remplissait ses devoirs de piété, et dans la sacristie, où il se livrait à l'étude ; mais il fallait parfois se rendre à sa maison, et si, pendant ce temps, on fût venu l'appeler pour quelque malade, le temps qui se perdait pour l'aller chercher au village de Pras et venir lui-même au chef-lieu prendre le saint viatique, pouvait suffire, quelquefois, pour laisser mourir ce malade sans sacrements

Ce fut surtout pour ce motif que, de concert avec ses paroissiens, pleins d'empressement pour la plupart, il fit construire un petit presbytère attenant à l'église.

En faisant bâtir la maison du prêtre, le zélé curé de Saint–Andéol-de-Fourchades n'oublia pas celle de Dieu. Il ne recherchait pas, pour l'orner, des choses d'un grand prix, mais il voulait que l'ordre et la propreté y régnassent partout. Les registres de la paroisse, écrits de sa main, et qu'on peut voir encore, annoncent sa grande exactitude dans l'accomplissement de ses devoirs et son extrême propreté dans tout ce qui tenait à son église. Il la fit blanchir et peindre convenablement ; il y fit faire trois autels en bois, surmontés chacun d'un encadrement d'un certain goût, au milieu duquel il fit placer un tableau. Il forma des enfants de chœur et apprit le plain-chant à quelques jeunes gens, et, lorsque les uns et les autres furent suffisamment instruits, un beau jour de fête, revêtu lui-même d'ornements neufs, il dit pour la première fois, depuis bien longtemps, une grand'messe qui fit l'admiration de tous ceux qui y assistèrent.

Parmi ces diverses occupations, M. Blachère ne perdait pas de vue la fin principale pour laquelle il avait été envoyé à St-Andéol-de-Fourchades, à savoir : le salut des âmes de cette paroisse. Instruire son peuple, le former à la pratique des vertus et le fortifier dans ces vertus, tâche imposée à tout véritable pasteur, ce digne et pieux curé mit tous ses soins à la bien remplir. Pour y mieux réussir, il employa la prière, la patience, un zèle prudent, et s'appliqua à gagner l'estime et l'affection de ses paroissiens, persuadé qu'un prêtre qui en est estimé et aimé, peut beaucoup faire dans sa paroisse, en ce qui concerne le bien des âmes. Du reste, son caractère doux et paisible, son désintéressement, son attention à obliger tout le monde, ses aumônes abondantes, sa conduite régulière, son affection pour ses ouailles, ne tardèrent pas à lui attirer la considération d'un peuple qui, pour se sentir du caractère un peu ardent, quelquefois même violent des habitants des montagnes cévénoles, du moins chez quelques-uns, avait une foi vive et une grande vénération pour les prêtres.

M. Blachère se mit donc à instruire ses nouveaux paroissiens. Il puisait sa doctrine dans les saintes Écritures, organes de la parole de Dieu ; dans les saints Pères qui en ont déterminé et développé le sens, dans les conciles qui ont fixé notre foi , et dans les sermonaires, nos guides dans la chaire. Outre l'instruction qu'il donnait le dimanche, dans laquelle il adaptait son langage à l'intelligence de ses auditeurs, il faisait en outre le catéchisme plusieurs fois la semaine, aux époques les plus favorables. Il attachait une grande importance aux instructions données aux enfants, attendu que c'est par eux surtout qu'on peut régénérer les paroisses dans le bien. Pour faire fructifier la parole de Dieu, qu'il annonçait avec beaucoup de zèle, il engageait ses paroissiens à remplir non seulement leur devoir pascal , mais encore à se confesser et à communier souvent, surtout le dimanche et les jours de fêtes. A cet effet, il joignait à ses instructions touchantes et persuasives un vif empressement à accueillir à toute heure du jour même pendant la semaine, les personnes qui se présentaient au sacré tribunal de la pénitence. Il apportait dans cette sublime fonction de réconciliateur des âmes avec Dieu , une douceur à toute épreuve et une charité compatissante qui attiraient les pécheurs les plus obstinés. Dieu bénit ses pieux efforts ; les confessions et les communions se multiplièrent et il en résulta le plus grand bien pour sa paroisse. Mais ce qui contribua encore davantage à produire ce bien, ce fut sa conduite privée, toute édifiante, dont nous allons parler.

CHAPITRE III

Conduite privée de M. Blachère.

Nous ne trouverons pas dans ce qui va suivre ici, bien moins encore que dans ce qui précède, le spectacle d'un homme, placé sur un théâtre élevé, poursuivant de grandes œuvres selon le monde, en présence de ce même monde qui l'applaudit ; mais nous y verrons, spectacle bien plus admirable ! un prêtre remplissant chaque jour, durant près de cinquante ans, les devoirs de son état avec la plus scrupuleuse fidélité, portant jusqu'à l'héroïsme, à l'abri d'un sanctuaire obscur, les vertus qui font les saints.

Longtemps avant que le jour commençât à paraître, surtout en hiver, M. Blachère avait quitté le lit ; il se rendait d'abord à l'église, au pied de l'autel, pour rendre ses hommages d'adoration à N.-S.-J.-C., résidant dans le saint Tabernacle, et y faire sa prière du matin. Il y faisait habituellement son oraison, mais, assez souvent, il allait la faire dehors, tantôt au cimetière, quelquefois au pied d'une croix, d'autres fois au bas d'un rocher (10) ; il y a un endroit qu'on appelle encore la *borne* du saint. Dans ses méditations que favorisait le silence de la nuit, ce saint prêtre entrait dans les communications les plus intimes avec Dieu, livrait son cœur à des transports d'amour envers ce Dieu dont l'autel ou la croix lui rappelait l'amour immense qu'il avait lui-même pour l'homme. Il concevait un souverain mépris pour le monde dont l'horreur des tombeaux lui montrait le néant ; s'animait d'un vif désir de posséder le ciel dont les étoiles qui brillaient au firmament lui annonçaient la beauté et la magnificence ; en même temps les ténèbres de la nuit, faible mais frappante image de l'obscurité des enfers, lui inspiraient de tout sacrifier plutôt que de tomber dans ces affreux abîmes. Il terminait son oraison tout pénétré de ces vérités éternelles, et se livrait au travail de la journée avec une résolution bien déterminée de ne rien faire que pour servir Dieu et lui plaire.

Il faisait toujours en sorte de se trouver, au
point du jour à l'église, où bien souvent venaient
pour se confesser, non seulement les personnes de
sa paroisse qu'il formait à la piété, mais encore
des personnes étrangères qu'attirait l'éclat de
ses vertus. Au moment de dire la sainte messe,
le digne ministre de J.-C., qui dans toutes ses fonctions ecclésiastiques agissait comme étant observé
de Dieu, des anges et des hommes, pénétré vivement de cette sublime action, approchait de l'autel
avec toute la piété, tout le respect dont l'homme
peut être capable, se rappelant ces paroles de
l'imitation de J.-C. : que, quand le prêtre célèbre
les saints mystères, il honore Dieu, réjouit les anges, édifie l'Eglise, secourt les vivants, soulage les
morts et se rend lui-même participant de tous les
biens spirituels. Après son action de grâces il récitait, à moins qu'il n'en fût empêché, les heures
canoniales et se livrait à l'étude. Vers midi, il
faisait son examen particulier sur les devoirs et
les vertus ecclésiastiques. Pour s'aider dans cet
exercice, il se servait d'un ouvrage de M. Tronson,
composé à cette fin, et que nous avons trouvé an-
noté de sa main sur bien des pages. Il prenait ensuite un repas qu'il avait préparé lui-même ou
fait préparer par quelqu'un des enfants auxquels
il faisait la classe et avec lequel il le partageait.

Après son dîner, aussi frugal que mal préparé,
il allait ordinairement faire une promenade ; c'é-
tait tantôt chez un malade pour lui indiquer quelque remède, l'encourager et le confesser, si sa
maladie présentait quelque danger ; d'autres fois
c'était dans quelque maison de sa paroisse où sa
visite pouvait être utile et où il était toujours reçu
avec empressement, à raison de la simplicité avec
laquelle il agissait envers tout le monde ; mais
plus souvent encore, surtout dans la belle saison ,
il allait dans la campagne pour y étudier les plantes et recueillir celles qui avaient des propriétés
médicinales. Il était rare qu'il revînt de sa promenade sans avoir dit son rosaire et fait une
lecture de piété ; à cet effet, il avait toujours avec
lui , outre un chapelet composé de quinze dizai-
nes (11), un petit livre portatif dans lequel se
trouvent réunis l'Imitation de J.-C., le Traité du
Mépris du monde et celui du Chemin étroit du
salut (12).

A son retour, il récitait son bréviaire et employait à l'étude le temps libre que lui laissait
l'exercice de son ministère. Il trouvait dans cette
étude, outre l'accomplissement d'un devoir, une
occupation intéressante, une distraction louable
et un moyen de retenir une imagination que la

solitude rend parfois altière et vagabonde. La première chose qu'il fit, sous ce rapport, fut de s'appliquer à bien peindre ; il y réussit si bien que ses écritures ressemblent depuis à des imprimés. Il prit alors la peine de transcrire les registres d'une année entière, quoi qu'ils fussent écrits d'une manière assez lisible. Il ajouta un grand nombre d'ouvrages à sa bibliothèque, et, comme à cette époque il était difficile de se procurer des livres, à raison du manque de communication, il lui arriva plus d'une fois d'envoyer un homme tout exprès à Lyon, pour aller chercher ceux qu'il désirait se procurer (13). Il lisait presque toujours la plume à la main, et écrivait sur la marge des livres ses observations et ses notes ; il complétait les textes, corrigeait les erreurs et marquait, en les soulignant, les passages qui le frappaient plus particulièrement. Cette méthode, pour laisser moins propre un livre, a l'immense avantage de mettre de suite sous les yeux, quand on le relit ou le consulte, les observations qu'on a faites, les sentiments qu'on a éprouvés et les passages les plus remarquables de l'ouvrage. Presque tous ceux de ces livres, qu'on retrouve encore, sont annotés de cette manière (14). D'après ces mêmes livres, on voit qu'il étudiait en premier lieu l'Ecriture sainte, puis la Théologie, les Saints Pères, les Conciles et les livres ascétiques ; ensuite l'histoire : celle de l'Eglise, celle des peuples et celle de la nature.

Il avait pour la botanique un goût tout particulier : ainsi les fleurs, dont la terre se pare et que l'homme, bien souvent, foule sous ses pieds avec indifférence, étaient pour lui l'objet d'une curieuse recherche ; il admirait leur beauté, leurs couleurs, leur variété ; il cherchait à connaître leur propriété et celle des plantes qui les produisaient, afin de les employer dans les remèdes qu'il donnait aux malades. La médecine ne lui était pas étrangère ; nous verrons, en parlant de sa charité, le motif qui la lui fit étudier.

M. Blachère joignait à l'étude une autre occupation aussi louable qu'utile : c'était l'instruction des enfants. Cent maisons environ, dont était composée alors sa paroisse, disséminées sur une vaste étendue, présentaient, par leur éloignement les unes des autres, un grave obstacle à l'instruction, à raison de l'impossibilité de réunir tous ces enfants en une même école et d'avoir des instituteurs instruits, vu qu'ils ne pouvaient toucher qu'un modique émolument. Appréciant, cependant, autant qu'on puisse le faire, le bienfait de l'instruction, il plaça, dans certains villages de sa paroisse, des personnes pieuses qui apprenaient aux petits enfants leur prière, leur catéchisme et la lecture. Il faisait lui-même la classe aux petits garçons un peu plus âgés et qui pouvaient venir chez lui. Il prenait en amitié ceux qui aux talents joignaient la piété, un bon caractère et un commencement des vertus nécessaires pour devenir un bon ecclésiastique ; il les initiait dans la langue latine, leur faisait une partie de leurs classes et les envoyait ensuite au collége, quelquefois même au séminaire, en les aidant toujours de ses conseils et de ses secours pécuniaires jusqu'à ce qu'ils eussent terminé leurs études. Tous ne correspondirent pas à ses pieux soins ; néanmoins, il eut la consolation d'en voir quelques-uns devenir prêtres ; de ce nombre fut M. Riffard, qui sur la fin de sa vie, lui fut adjoint comme vicaire.

A la fin de la journée, M. Blachère terminait ses devoirs de piété, faisait un modeste repas, se livrait ensuite de nouveau à l'étude jusque bien avant dans la nuit, surtout en hiver, et allait prendre un peu de repos.

CHAPITRE IV

Vertus de M. Blachère.

SA FOI.

M. Blachère regardait la foi comme un grand
bienfait, comme le flambeau nécessaire pour arriver à la parfaite connaissance de Dieu, de nos devoirs et de notre destinée future, au milieu des
ténèbres dans lesquelles s'égare notre faible raison. « C'est en marchant à la lueur de cette
« clarté, disait-il, que vos saints, ô mon Dieu,
« sont arrivés à l'éternelle félicité ; je crois ce
« qu'ils ont cru, ce que votre sainte religion nous
« enseigne. » La foi était encore le principe de

toutes ses actions ; il disait à ce sujet : « Se
« conduire par les sens, c'est vivre en disciple
« d'Epicure ; se conduire par la seule raison, c'est
« vivre en philosophe ; mais se conduire par la foi,
« c'est vivre réellement en disciple de J.-C. » Il
ne se contentait pas d'avoir lui-même une foi vive
et agissante ; il tâchait encore de l'inspirer aux
autres, surtout dans le sacré tribunal de la pénitence. A l'exemple de N.-S. J.-C., il exigeait cette
foi, comme première condition, de tous ceux qui
venaient lui demander quelque faveur particulière
à obtenir de Dieu : « Avez-vous la foi, leur disait-
« il, croyez-vous que tout est possible à Dieu ?
« Eh bien ! ayez confiance et vous obtiendrez ce
« que vous demandez. »

SON ESPÉRANCE.

La foi montrait Dieu à M. Blachère avec toutes
ses perfections. S'appuyant alors sur sa bonté, sur
ses promesses, sur sa fidélité à les remplir, il se
disait : « Je sais, mon Dieu, qu'il n'y a rien en moi
« cendre et poussière qui puisse me mériter le
« bonheur de vous posséder un jour ; mais, comme
« vos saints, je me repose en votre infinie bonté,

« sur les mérites de votre Fils, le divin Rédemp-
« teur de mon âme ; j'espère avec une vive con-
« fiance ce qu'ils ont espéré : votre souveraine
« félicité dans la vie future et les grâces dont j'ai
« un si grand besoin pour y parvenir. »

Dieu, dont les desseins sont adorables, permit que son serviteur passât par plusieurs épreuves ; mais les contradictions, les tentations, les persé-cutions que le démon suscite pour jeter dans le découragement les élus de Dieu, ne purent jamais ébranler son espérance. « Je sais, ô mon Dieu,
« disait-il alors, que vous ne nous abandonnerez
« jamais, à moins que nous vous abandonnions
« nous-mêmes ; or, comme le disait votre apôtre
« saint Paul, je le dis moi-même aussi ; ni les
« persécutions, ni les afflictions, ni la faim, ni la
« mort, rien ne pourra me séparer de vous, et à
« qui irais-je, ô mon Dieu, si j'avais le malheur
« de m'éloigner de vous ? »

SON AMOUR ENVERS DIEU.

En considérant la fragilité des choses humaines, M. Blachère ne pouvait pas comprendre qu'on

pût s'attacher à d'autres objets qu'à Dieu. « Dans
« quelle erreur ne sont ils pas, disait-il, ces
« hommes qui vous délaissent, ô mon Dieu, vous
« beauté toujours ancienne et toujours nouvelle,
« pour se donner à un monde dont les plaisirs sont
« d'un instant ! qui vous délaissent, vous seul
« d'un prix infini, pour courir après des richesses
« périssables ! qui vous délaissent, vous seul notre
« gloire, pour aller cueillir des palmes dont l'éclat
« n'est qu'obscurité, et la durée, qu'un éclair !
« Pour moi, ô mon Dieu ! faites que je cesse d'e-
« xister plutôt que de me laisser séduire un ins-
« tant par ces vanités que suit toujours une dou-
« leur amère lorsqu'il faut s'en séparer. » Bien
qu'il aimât Dieu jusqu'à lui tout sacrifier afin de
lui plaire davantage, il se plaignait encore de ne
pas assez l'aimer. Ambitionnant alors le sort des
anges, il aurait voulu se joindre à eux pour par-
tager leur amour brûlant envers lui. Il disait,
tantôt avec le psalmiste : « Pourquoi mon séjour
se prolonge-t-il encore sur la terre ? » Tantôt avec
l'apôtre des nations : » Qui me délivrera de ce
corps de mort ? » — D'autres fois, avec l'auteur
de l'Imitation de Jésus-Christ : « Qui me donnera
« des ailes comme la colombe pour m'envoler et
« me reposer en vous, ô mon Dieu ? »

SA DÉVOTION AU SAINT-SACREMENT.

Mais, en attendant qu'il plût à Dieu de rompre le lien qui le retenait dans ce monde pour le placer dans le ciel, M. Blachère allait se dédommager, en quelque sorte, de cette privation par ses visites au Saint-Sacrement ; c'est là qu'il allait étancher la soif de son amour et boire à longs traits, dans cette source divine, l'eau qui rejaillit dans la vie éternelle. Prosterné au pied de l'autel : « Mon « Dieu ! disait-il, vous le saint des saints, vous le » Créateur de tout ce qui existe, vous le souve- « rain Seigneur des anges, vous daignez vous « abaisser jusqu'à résider dans ce tabernacle, « pour être avec nous jusqu'à la consommation « des siècles, pour être notre victime, la nourri- « ture de nos âmes ; vous ici présent, vrai Dieu « et vrai homme, daignez recevoir mes hommages « d'adoration et d'amour. »

SA DÉVOTION A LA SAINTE VIERGE.

Le fervent curé de Saint-Andéol-de-Fourchades joignait, comme toutes les âmes prédestinées, à la dévotion au Saint-Sacrement celle à la Sainte Vierge; autant celle-là était vive, autant celle-ci était tendre Il récitait tous les jours, en son honneur, non pas seulement un chapelet, mais un rosaire, ainsi que nous l'avons dit plus haut. Pour le récompenser de sa piété, la Sainte Vierge, selon une tradition très-accréditée, lui apparut plusieurs fois, environnée d'une gloire éblouissante. (15)

SA DÉVOTION A SAINT RÉGIS.

M. Blachère avait une grande vénération pour saint François-Régis. Il engageait souvent les personnes qui avaient quelque grâce particulière à obtenir de Dieu, d'aller la lui demander à Lalouvesc, auprès de son tombeau. A plus d'une heure de chemin de St-Andéol-de-Fourchades était une maison où l'apôtre du Vivarais avait couché plusieurs fois, pendant le cours de ses missions sur les montagnes des Cévennes; il n'en fallut pas davantage pour lui faire vénérer cette maison. (16).

SA CHARITÉ ENVERS LE PROCHAIN.

Bon par caractère, généreux jusqu'à l'excès, le charitable M. Blachère ne pouvait voir les misères d'autrui sans en être vivement touché. Il aurait tout sacrifié pour les soulager. Il ne réservait de son argent que ce qu'il lui fallait pour son strict nécessaire, et ce strict nécessaire se réduisait à peu de chose ; il donnait tout le reste en aumônes ou en bonnes œuvres.

Le désir de se rendre utile à son prochain lui fi étudier la médecine. On ne saurait croire combien de services il rendit sous ce rapport, dans un pays où l'on donne assez souvent de faibles soins aux malades, tant parce qu'on ne connaît pas les remèdes que la Providence a créés pour les soulager et les guérir, que parce qu'on ne veut pas se donner la peine d'aller chercher un médecin qui se trouve éloigné.

Non content d'indiquer les remèdes aux malades, il les leur procurait bien souvent lui-même. Dieu bénit sa charité et, plus d'une fois, une vertu surnaturelle produisit l'effet qu'il n'avait pas pu obtenir des remèdes. On cite encore aujourd'hui plusieurs guérisons qu'il avait opérées de son vivant, regardées comme miraculeuses. Du reste, en cherchant à guérir les maladies du corps, M. Blachère cherchait bien plus encore à guérir celles de l'âme, et bien des malades, touchés de ses bontés, lui faisaient l'aveu de fautes qu'ils n'auraient peut-être pas osé déclarer.

Pour les pécheurs, il n'aurait pas seulement sacrifié son temps et son repos, mais encore sa vie. Aussi venaient-ils quelquefois de loin chercher dans son ardente charité et dans sa sage direction la paix de leur âme. Il les recevait avec beaucoup de douceur et d'empressement ; il les encourageait en leur montrant la grande miséricorde de Dieu envers les personnes repentantes, les aidait à faire une bonne confession et leur donnait assez souvent une légère pénitence en leur disant qu'il y suppléerait lui-même.

SA MORTIFICATION.

Quoique tous les saints aient pratiqué toutes les vertus, il y en a toujours quelqu'une de prédilection pour chacun d'eux ; elle brille davantage ; elle est comme l'astre du matin au milieu du ciel étoilé : c'est la douceur chez saint François de Sales, c'est la charité chez saint Vincent de Paul, c'est le zèle chez saint François-Régis ; chez notre vénérable curé, ce fut la mortification. Cette vertu a pour effet de châtier le corps et de le réduire en servitude, et lorsqu'elle persévère jusqu'à la fin d'une longue vie, passée dans le siècle, elle est la plus héroïque ; en effet, autant il est facile de la pratiquer en religion, c'est-à-dire dans un couvent ou dans une solitude, autant il est difficile de le faire dans la vie séculière : là, vœux, règle, exemple, tout porte à son observance ; dans le monde, au contraire, sa propre indépendance, la conservation de sa santé, le mauvais exemple, la critique, tout porte à en diminuer les devoirs ; et cependant, bien loin de les diminuer, M. Blachère ne fit qu'augmenter ses austérités à mesure qu'il avançait vers le terme de sa vie. Il ne prenait de repos qu'autant qu'il en avait besoin pour vaquer à ses fonctions sacerdotales, et encore sur un lit de bûches que recouvrait un peu de paille afin qu'on ne s'en aperçût pas ; son traversin était un morceau de bois, à côté duquel était une tête de mort. Il passait le reste de la nuit en prière, en méditation, à genoux et souvent dehors, même par un temps très-froid. Il ne se chauffait jamais, même au cœur de l'hiver. Son repas, qu'il préparait lui-même ou faisait préparer par quelqu'un de ses élèves, ainsi que nous l'avons déjà dit, se composait de légumes, de fruits, de pain noir et d'eau. (17) Il avait cependant toujours un peu de vin pour offrir aux étrangers. Il tenait sa maison extrêmement négligée, et cela par mortification. On lui en fit souvent des reproches en lui disant que la propreté était une vertu, qu'en conséquence il devait tenir sa maison un peu mieux rangée et apporter un peu plus de soin dans sa manière de vivre. « C'est bien vrai, disait-il, « mais je suis seul ; puis j'ai bien d'autres maisons à approprier et plus précieuses, » faisant allusion aux consciences de ceux qui venaient se confesser et qui lui prenaient des matinées entières.

Pour nous, qui rapportons ces faits, nous devons nous contenter d'admirer les saints. Nous louerions bien certainement M Blachère s'il avait mis un peu p'us d'ordre dans sa maison ; mais est-il moins louable si, par esprit de pénitence, il la négligeait ? Non sans doute ; il méritait tout aussi bien par cette conduite, peut-être même davantage. L'intention, aux yeux de Dieu, fait tout le mérite dans les choses qui ne sont pas mauvaises de leur nature.

Dans ses promenades, il ne se contentait pas de marcher le long des ravins ou sur la crête des collines, il quittait encore assez souvent ses souliers et marchait ainsi sur des landes couvertes presque partout de pierres raboteuses et assez souvent même d'épines.

On l'a vu, comme un autre Ignace, aller passer à gué une petite rivière et revenir chez lui ayant le bas de sa soutane tout couvert de glaçons.

SA DOUCEUR ET SON AFFABILITÉ.

Une vie si austère ne rendait pas M. Blachère triste ni mélancolique dans ses rapports avec ses semblables ; toute sa sévérité était pour lui-même. Envers les autres, il était d'une simplicité admirable, d'une affabilité charmante et d'une bonté excessive. Il conversait avec toutes les personnes, sans distinction de leur pauvreté ou de leur richesse, de leur érudition ou de leur ignorance. Lié d'une étroite amitié avec un religieux, retiré dans sa famille, habitant un village peu éloigné de sa paroisse (18), ils se visitaient souvent et passaient ensemble, parfois, quelques moments dans une douce et honnête gaieté que chacun savait entretenir. Lorsque quelqu'un venait le voir, fût-il prêtre ou laïque, il s'empressait de l'intéresser par sa conversation et, certes, personne plus que lui était capable de le faire, versé comme il l'était dans presque tous les genres de science ; aussi les gens bien instruits recherchaient-ils sa société : tel était le docteur Roméas, exerçant la médecine à Chomérac. Lorsqu'il venait à St-Andéol-de-Fourchades visiter sa famille, c'était dans la compagnie de M. le curé qu'il aimait à aller passer quelques moments. Dans une circonstance, en parlant des plantes médicinales, M. le docteur énumérant celles qui se trouvaient dans les climats chauds, se mit à faire la comparaison du pays qu'il habitait avec celui de sa naissance, en s'efforçant de montrer l'infériorité du dernier sur le premier. « Je demeure d'accord avec vous, lui dit « M. Blachère, que le pays que vous habi-« tez peut avoir quelque avantage sur celui-ci ; « cependant, admirez la « Providence de Dieu ! « Si nous n'avons pas la soie, inutile pour nous « vêtir dans un pays comme le nôtre, nous avons, « en revanche, d'excellente laine ; nous n'avons » pas aussi de vin, mais nous avons de bon lai-« tage et en abondance ;⸲la framboise et bien d'au-

« tres fruits, surtout la pomme reinette que l'on
« conserve tout l'hiver, nous dédommagent, en
« quelque sorte, des raisins et des figues que pro-
« duit votre pays. Ainsi sur ces montagnes, nous
« ne laissons pas que d'avoir une grande part à
« la bonté de Dieu. »

CHAPITRE V

Quelques faits de M. Blachère, regardés comme miraculeux.

La sainteté de M. Blachère ne laissa pas que de percer l'espèce de mur qu'il cherchait à élever autour de lui, en s'efforçant de ne montrer, dans ses rapports avec le prochain, qu'une vie commune. On le regarda comme un saint, on s'adressa à lui avec confiance, comme on s'adresse aux saints, et plusieurs guérisons miraculeuses, obtenues par ses prières, montrèrent que leur confiance n'était point vaine. Nous n'en citerons que deux dont nous ont fait part des prêtres respectables et dignes de foi.

La première nous a été rapportée par M. Méal, curé de St-Martial (19) : « Du vivant de ce saint prêtre, nous dit-il, il y avait dans ma famille un abbé qui, sur le point de terminer ses études ecclésiastiques, prit mal aux yeux de manière à ne plus voir ; on employa pour sa guérison tous les remèdes possibles et sans aucun résultat. Ayant appris que plusieurs personnes, atteintes de diverses maladies, s'étaient transportées à St-Andéol-de-Fourchades auprès du curé de cette paroisse, et que toutes s'en étaient bien trouvées, il voulut y aller lui-même. Il s'y fit conduire à cheval, car il ne voyait absolument rien. M. Blachère le reçut avec bonté, le conduisit dans son jardin et lui passa sur les yeux un brin d'herbe en disant à celui qui le conduisait : Vous avez chez vous cette plante ; passez-lui en de temps en temps sur les yeux. On n'en eut pas besoin ; en quittant St-Andéol-de-Fourchades, notre abbé commença à voir assez pour pouvoir se conduire chez lui ; le lendemain il fut entièrement guéri.

La seconde nous a été rapportée par M. de Chambarlhac, prêtre octogénaire, natif de St-Andéol-de-Fourchades, et retiré au Cheylard. « Je tiens de mon père, nous dit-il, qu'étant bien jeune encore, il prit un mal de reins si fort, qu'il ne pouvait ni marcher ni se soutenir. M. Blachère vint le voir en notre maison de Grand, il le toucha avec les mains à l'endroit de la douleur et son mal disparut à l'instant et même pour toujours. »

Au don de guérir les malades, M. Blachère joignait encore celui de connaître les choses cachées. Ainsi, un soir au retour d'un voyage, il dit à celui qui l'accompagnait : « Les voleurs viennent de « sortir de ma maison ; certes, ils n'ont pas pris « grand'chose, et ils ont plus besoin que moi du « peu qu'ils ont emporté. » Arrivés au presbytère, ils trouvèrent en effet que quelques objets avaient disparu.

Une autre fois, on vint le chercher pour un malade. « Vous ne serez pas fâché, dit-il à l'ex« près, que nous passions par telle maison où se « trouve un autre malade qu'il est plus pressant « encore d'administrer que celui pour lequel « vous venez me chercher. » Mais je crains, lui répondit l'exprès, que nous ne soyons pas arrivés assez tôt. « Rassurez-vous, lui dit M. Bla« chère, votre malade ne mourra pas aujourd'hui « ni même demain. » Il prend en conséquence deux saintes hosties, arrive chez le malade qu'on ne croyait pas encore en danger, lui confère les Sacrements des mourants et va ensuite remplir le même office auprès de celui pour lequel on était venu le chercher. Ce dernier vécut encore trois jours, tandis que le premier rendit son âme à Dieu avant que M. Blachère fût de retour au presbytère.

On rapporte encore qu'il avait prédit les guerres désastreuses qui ont désolé notre chère France sous la première révolution et sous le premier empire. « Les mères, disait-il à ce sujet, monte-
« ront sur les montagnes pour voir arriver leurs
« fils, mais en vain pour la plupart ; le fer les aura
« moissonnés. On appellera bienheureuse celle
« qui, après quelques années d'attente, pourra
« embrasser le sien. Nous, ajoutait-il, parlant à
« des personnes à peu près de son âge, nous ne le
« verrons pas ; mais cet enfant, montrant un
« enfant de quatre à cinq ans, pourra bien en
« être témoin. »

Un prodige d'un autre genre, sur lequel la tradition est unanime, est le fait suivant : Un soir, au retour d'une promenade, M. Blachère trouve chez lui un exprès qui venait le chercher pour aller administrer les sacrements à un malade ; il se mit aussitôt en devoir de partir, mais lorsqu'il voulut ouvrir la sacristie, il se trouva avoir perdu la clef. « Courez, dit-il à l'exprès, vers tel endroit
« où vous la trouverez. « — Comment, répondit l'exprès, pourrai-je la trouver ? le temps est si obs-

cur. « Allez vite, vous la trouverez.» L'exprès
partit; ô prodige! il voit, vers l'endroit indiqué,
une lueur extraordinaire en forme de faisceau, il
s'en approche et voit la clef comme en plein jour.

CHAPITRE VI

Contradictions et peines de M. Blachère, sa mort.

La vie de M. Blachère dont tous les moments étaient employés à faire du bien à ses semblables ou à travailler à sa propre sanctification, en remplissant les devoirs de son état avec la plus scrupuleuse fidélité, aurait dû, ce semble, être à l'abri des attaques et des calomnies ; mais Dieu, pour le sanctifier toujours davantage, permit qu'il passât par le creuset, commun à tous les saints, celui des persécutions Ainsi, quoique dans ses instructions il ne parlât que pour combattre le vice, en respectant toujours les personnes, plusieurs ne laissèrent pas que d'être lésées et se montrèrent plus d'une fois assez hostiles à son égard ; elles blâmaient son zèle en l'appelant un zèle outré. A la vérité,

ceux qui se conduisaient ainsi étaient en bien petit
nombre ; mais, malheureusement, et ce fut sa plus
grande peine, à ces hommes d'opposition s'adjoi-
gnirent quelques confrères qui allèrent jusqu'à le
dénoncer à son évêque comme étant un prêtre
incapable d'administrer une paroisse. Dans une
visite de son diocèse, l'évêque de Viviers, Monseigneur de Villeneuve, arriva à St-Andéol-de-
Fourchades, tout prévenu contre le curé de cette
paroisse. Il visita l'église et, à sa grande sur-
prise, il trouva tout dans la plus grande propreté.
Il voulut ensuite s'assurer par lui-même si réellement M. Blachère était incapable d'instruire son
peuple, et lui ordonna, après que les fidèles se
furent retirés, de monter en chaire et de faire une
courte instruction. L'humble curé obéit et fit, en
présence de son évêque et des prêtres qui l'accom-
pagnaient, un petit discours suivi et plein de feu
sur les vertus et les devoirs ecclésiastiques. Ce
sujet fut regardé comme une critique contre ses
accusateurs, présents pour la plupart ; ils ne dou-
tèrent pas que ce sermon singulier ne confirmât
les rapports qu'ils avaient faits à Sa Grandeur.
Lorsqu'il fut descendu de chaire, Monseigneur lui
dit : « Je voulais savoir, monsieur le curé, comment vous instruisiez votre peuple et non pas

comment vous prêcheriez à des ecclésiastiques. »
— « C'est bien possible, Monseigneur, répondit
M. Blachère, mais Votre Grandeur m'a ordonné
« de faire une courte instruction, et raisonnable-
« ment, je ne pouvais la faire que pour les per-
« sonnes présentes. »

De l'église, Monseigneur se rendit au presbytère, et il put se convaincre que ce qu'on lui avait
dit sur la négligence dans laquelle il laissait sa
maison était réellement vrai. Sa Grandeur lui
fit observer alors qu'un curé, qui est obligé de
recevoir ses confrères et d'autres personnes respectables, doit toujours, autant que possible, tenir
sa maison dans une grande propreté. « Je vous
remercie de votre avis, lui répondit M. Blachère ;
à l'avenir je tâcherai de le mettre en pratique. »

Monseigneur monta ensuite dans sa chambre et
fut très édifié d'y trouver une si grande bibliothèque ; puis, ayant eu occasion de voir son lit, il
conçut pour ce digne prêtre une idée bien autre
que celle que lui avaient donnée ses dénoncia-
teurs. « Mon cher curé, lui dit alors l'honorable
Prélat, priez pour moi le bon Dieu que vous servez
si bien au mépris de vos commodités, et continuez
sans crainte votre manière de vivre. Il la conti-

nua, en effet, jusqu'à sa mort, sans jamais dévier de la pratique de ses austères vertus.

Il éprouva, sur la fin de ses jours, une grande douleur aux jambes. Se voyant, à raison de cette infirmité, qui durait depuis plus de deux ans, dans l'impossibilité de remplir les fonctions de son ministère, il demanda un vicaire, et, à sa grande satisfaction, il obtint M. Riffard, prêtre tout dévoué et son ancien élève. M. Riffard arriva à St-Andéol de-Fourchades au commencement de 1741. Dès ce moment, M. Blachère, se reposant sur son cher disciple des soins de sa paroisse, ne pensa plus qu'à se préparer à faire une bonne mort. Certes, il s'y était préparé toute sa vie ; mais les saints ne croient jamais trop faire pour mériter ce bonheur. Le 26 avril de la même année 1741, il se mit au lit pour ne plus s'en relever. Il y monta comme sur un autel où il devait faire le sacrifice de sa vie. Un vomissement se déclara dès les premiers jours de sa maladie et ne l'abandonna plus. Ce fut pour ce motif qu'à son grand regret il ne put pas recevoir le saint Viatique. Il dut y suppléer, n'en doutons pas, par un amour ardent envers N.-S.-J.-C résidant dans le St-Sacrement, lui qui aimait à le visiter souvent, quand il le pouvait, et qui disait la sainte messe avec tant de piété. Sentant sa fin prochaine, il se fit administrer le sacrement de Pénitence et celui de l'Extrême-Onction. Le 6 mai, vers les sept heures du soir, il rendit sa belle âme à Dieu, dans la 77me année de son âge, et la 46me depuis sa nomination à la cure de St-Andéol-de-Fourchades. Ses funérailles eurent lieu deux jours après parmi un grand concours de peuple, et l'on déposa sa dépouille mortelle dans un caveau de l'église, destiné à la sépulture des prêtres.

Les regrets de ses paroissiens furent ceux qu'expriment des enfants qui viennent de perdre leur père ; les pauvres étaient inconsolables ; les prêtres présents à ses obsèques, même ceux qui l'avaient critiqué pendant sa vie, se retirèrent en disant : « Nous venons de rendre les derniers devoirs à un saint. »

Ses parents, qu'il aimait, mais qu'il ne voulait pas enrichir, ne trouvèrent presque rien chez lui. Pendant sa vie, il ne donnait à ceux qui venaient le voir qu'une pièce de 24 sous qu'il accompagnait de quelques objets de piété. Après sa mort tout devint l'héritage des pauvres, à part sa bibliothèque qu'il avait donnée à un de ses neveux, engagé dans le sacerdoce.

CHAPITRE VII

Dévotion à M. Blachère, guérison obtenue par son intercession.

Plusieurs personnes ayant appris le pouvoir que M. Blachère s'était acquis auprès de Dieu pendant sa vie, par ses éminentes vertus, pensèrent que ce pouvoir était inhérent à sa cendre, ou plutôt que placé dans le ciel, son entremise étant plus immédiate, devait être encore plus efficace; elles vinrent prier sur sa tombe et lui adressèrent des vœux qui furent presque toujours exaucés.

Parmi les nombreuses guérisons qu'on rapporte avoir été obtenues par son intercession (20), nous ne citerons que celles qui nous ont été attestées par des personnes respectables et dignes de foi.

Rose Vernet, nous écrit M. Breysse, ancien curé

de St-Andéol-de-Fourchades, actuellement curé
de Grozon, avait un mal dartreux à la figure qui
durait depuis plus de deux ans ; elle vint prier au
pied de la tombe de M. Blachère, appliqua sur le
mal un peu de poussière, prise près de la pierre
sépulcrale ; quelques instants après il s'en détacha
une croûte et elle ne tarda pas à être entièrement
guérie. (21)

M. l'abbé Rousset nous écrit aussi : Ma sœur,
à l'âge de trois mois, eut la figure presque toute
couverte de mal ; mes parents consultèrent deux
médecins habiles, firent les remèdes d'après leurs
ordonnances, sans obtenir aucune guérison. Ils
résolurent alors de recourir à l'intercession de
M. Blachère et se portèrent auprès de son tombeau, à St-Andéol-de-Fourchades, ayant dans
les bras ma petite sœur, âgée alors de dix-huit
mois. A leur retour, la croûte qui recouvrait
son visage s'en détacha. Il y restait une rougeur,
mais huit jours après ma sœur fut aussi bien que
si jamais elle n'avait eu de mal. (22)

J'étais arrivé à l'âge de quatorze ans, nous dit
M. Bertholet, curé de St-Genest-Lachamp, avec
le projet bien arrêté d'étudier pour entrer dans
l'état ecclésiastique ; mais un mal d'yeux, qui durait depuis trois ans, mettait un obstacle insur-

montable à mon dessein ; après plusieurs remèdes
employés inutilement, je fus, d'après le conseil de
quelques personnes, prier sur la tombe de M. Blachère. Je me trouvai mieux à mon retour, et peu
de jours après je fus entièrement guéri. Depuis
lors, je n'ai plus eu mal aux yeux.

Parmi les guérisons miraculeuses, nous écrit
Mlle Colomb, de Burzet, qui se sont opérées par
l'entremise du vénérable prêtre dont vous écrivez
la vie, je dois vous citer la mienne : J'avais une
grande fluxion aux yeux dont la douleur me
faisait extrêmement souffrir. Un médecin fut consulté, on me fit divers remèdes, mais en vain ; le
mal durait toujours. On me conseilla alors d'aller
en dévotion à St-Andéol-de-Fourchades, on le
conseilla aussi à ma mère, qui voulut le même
jour faire vœu d'aller prier au pied de la tombe
de M. Blachère. Elle commença une neuvaine en
son honneur ; le soir du même jour je pus fixer la
lampe ; le lendemain je pus ouvrir les yeux au
grand jour ; et, à la fin de la neuvaine, je fus
entièrement guérie. Celui qui me conseilla de
recourir à M. Blachère, nommé Blazon, avait été
lui-même miraculeusement guéri, par son intercession, d'un mal d'yeux invétéré, que lui avait
laissé la petite vérole, et contre lequel tous les

remèdes des médecins avaient été sans effet. (23)

A l'âge de dix-huit ans, nous écrit la sœur Rosalie, supérieure du Sacré-Cœur de Privas, je contractai, par un excès de travail, une inflammation aux yeux qui me causait les douleurs les plus vives. Pendant vingt-et-un jours, je ne pus voir ni la lumière de la lampe ni la clarté du soleil, ni même la lueur du jour sans éprouver une grande souffrance. Deux taches étaient survenues à l'œil gauche qui me faisaient craindre de le perdre. On me fit divers remèdes, mais sans obtenir ni guérison ni soulagement. Notre supérieure fit alors vœu d'aller en pèlerinage à St-Andéol-de-Fourchades, prier M. Blachère et demander ma guérison auprès de sa tombe, et dès ce jour elle commença une neuvaine en son honneur. Après cette détermination, prise de concert avec M. le curé, elle vint me voir pour m'en faire part et me demanda si je souffrais toujours autant qu'auparavant. Je lui répondis que je ne voyais jamais rien, mais que je ne souffrais plus. En effet, depuis quelques instants, la douleur avait cessé. On commença la neuvaine et le soir je pus entrevoir la lumière de la lampe. Depuis lors, mon mal diminua chaque jour, de telle sorte qu'à la fin de la neuvaine, il eut disparu entièrement. (24)

Depuis que nous avons entrepris d'écrire cette sainte vie, en 1846, il s'est opéré bien des guérisons miraculeuses en recourant à l'intercession de M. Blachère ; nous n'en rapporterons que deux : celle de M. l'abbé Dufaut, natif de la Bastide-de-Juvinas, et celle de Mlle Varraud, nièce de M. le curé de St-Andéol-de-Fourchades.

M. l'abbé Dufaut nous dit qu'à l'âge de quinze ans il avait pris mal à un œil et que, pour le guérir, tous les remèdes avaient été employés sans succès. Ses parents, ajoute-t-il, firent une neuvaine en l'honneur de M. Blachère et promirent de le conduire en pèlerinage à son tombeau, et après cette neuvaine son mal disparut entièrement.

Le zélé curé de St-Andéol-de-Fourchades, M. Varraud, nous a cité le fait suivant : Ma nièce, Rose Varraud, enfant de six ans, avait pris un mal d'yeux de manière à ne pouvoir supporter la moindre clarté du jour ; elle souffrait beaucoup ; il fallait que ses yeux fussent constamment couverts d'un bandeau. Ce mal durait depuis six mois. M. Ceysson, médecin au Monastier, fut consulté ainsi que les religieuses de Pradelles ; mais les remèdes prescrits et par le médecin et par les religieuses, furent employés sans obtenir aucun effet.

Nommé curé de St-Andéol-de-Fourchades, et arrivé dans cette paroisse, j'appris par mes paroissiens et par les pèlerins qui venaient prier sur la tombe de M. Blachère, que plusieurs personnes, atteintes d'un semblable mal, avaient été guéries par l'intercession de ce saint prêtre. Ma mère et moi nous fîmes alors une neuvaine en son honneur à l'effet d'obtenir la guérison de cette chère enfant. Dès le premier jour, ma petite nièce se trouva mieux et, à la fin de la neuvaine, elle fut parfaitement guérie.

NOTES

(1) Nous employons quelquefois le mot de Saint en parlant de M. Blachère ; nous déclarons que nous n'entendons pas par cette expression, dont se servent aussi les fidèles, préjudicier aux droits de l'Eglise qui, seule, a le pouvoir de décerner ce titre par la canonisation.

(2) Feu M. Suchet, curé alors de Sanilhac, paroisse natale de M. Blachère, nous écrivait : « Je vous engage beaucoup à livrer au public ce que vous apprendrez d'édifiant sur ce vénérable prêtre. » M. Sabatier, ancien vicaire de St-Andéol-de-Fourchades, et curé actuellement de St-Sauveur-de-Montagut, appelle dans une lettre l'œuvre que nous entreprenons, une œuvre importante, louable et précieuse.

(3) L'aîné resta dans la maison paternelle et eut un fils qui devint prêtre et prieur de Pourchères.

(4) La plus grande partie de la paroisse de la Bastide d'Antraigues qui a été formée en 1762, a été détachée de celle de Juvinas.

(5) Nous savons par la tradition et par sa signature apposée à certains actes, que **M.** Blachère avait été curé de Juvinas, mais nous ne pouvons pas préciser le temps qu'il y était resté. Les registres d'alors n'existent plus. Il a dû y rester peu de temps, puisqu'il a été nommé curé de St-Andéol-de-Fourchades à l'âge de trente-deux ans, d'après les registres de cette paroisse ; ce qui porterait à sept ans environ le temps pendant lequel il a été vicaire de Baix et curé de Juvinas.

(6) Le mot Fourchades vient, à ce qu'il paraît, d'un château qui existait autrefois à une faible distance de l'église, appelé Trafourchas, siége alors d'une cour royale. Il n'en reste aujourd'hui que quelques ruines. Ce mot Trafourchas viendrait lui-même d'un gibet, appelé Fourches patibulaires, où l'on pouvait pendre trois criminels à la fois et placé à côté de la prison du château pour intimider les malfaiteurs.

(7) C'est tout près de là qu'habitait Chanéac, chef des chouans de ces contrées, aux temps de la première révolution ; c'était un homme de bien, riche propriétaire et distingué par sa haute taille, son physique et son intelligence. Sa petite troupe, avec laquelle il tint en échec, pendant longtemps les révolutionnaires d'Antraigues et de Burzet, tourna mal ensuite ; mais alors il s'en détacha. Il logeait, nourrissait et couchait plusieurs prêtres et plusieurs nobles dans une maison qui lui appartenait, appelée Gombert, cachée dans les bois, entourée de précipices et d'un accès difficile.

(8) On voit sur le plateau de ce rocher les traces d'un vaste établissement. Ce plateau est bordé d'un précipice au sud-est ; il y a au sud-ouest une avenue dont le chemin qui formait la rampe, en faisant un lacet, est encore bien connaissable ; il était très-large ; des autres côtés il est entouré de pierres basaltiques, dressées en pointe, formant une espèce de pavé en pente raide, sur lequel il est difficile de marcher. Vers l'avenue se trouve une excavation assez

profonde encore. Tout porte à croire que cet établissement avait appartenu aux druides, prêtres consacrés au dieu Teutatès, adoré par les Gaulois avant l'établissement du christianisme et auquel ils offraient des sacrifices humains. Ce qui porterait à faire embrasser cette opinion, ce sont les noms de deux petits villages, situés au bas de ce rocher, à l'opposé l'un de l'autre, appelés l'un Grand, du latin *Grande*, quoi qu'il soit très-petit, et l'autre Soulage, du latin *Solatium*, soulagement, dont par un diminutif on a fait Soulage. Ces mots Grand Soulagement, (*a*) semblent indiquer une maison consacrée au culte des dieux, adorés de ce temps-là. Si cette opinion était vraie, comme tout porte à le croire, on pourrait dire que Dieu a voulu purifier ces lieux souillés par des immolations abominables, offertes aux démons, et les sanctifier par le Saint-Sacrifice qu'offrirait, non loin de cet endroit, un saint prêtre, et par les prières que feraient un grand nombre de fidèles auprès du tombeau de ce prêtre, et qu'à cette fin il a inspiré à l'autorité diocésaine de nommer M. Blachère curé de St-Andéol-de-Fourchades, et a permis qu'il mourût dans cette paroisse.

(9) Depuis lors, la paroisse de N.-D. du Chambon a été détachée de celle de St-Andéol-de-Fourchades; elle en a pris en grande partie les villages et les autres maisons qui se trouvent dans la vallée de la Dorne.

(10) Il y a un rocher au dessus de la maison de Chante-perdrix au pied duquel on l'avait vu quelquefois aller prier. Le pieux M. Alezard, ci-devant curé de St Andéol-de-Fourchades, y a fait construire un petit oratoire.

(11) Ce chapelet, précieusement conservé dans une maison de St-Andéol-de-Fourchades, se trouve aujourd'hui en la possession de M. Alezard, curé de St-Cierge, près le Cheylard.

(*a*) Tout le genre humain . . . cherchant également partout un *soulagement* d'expiation dans la pratique des sacrifices. (Auguste Nicolas, études philosophiques sur le christianisme; t. 3. page 147 **)**

(12) Ce livre est entre nos mains.

(13) Nous avons trouvé sur un livre qui lui avait appartenu, intitulé : le Père Cheminais, le numéro 1981 ; ce qui porterait à près de deux mille volumes les livres dont se composait sa bibliothèque; un grand nombre de volumes étaient des in-folio.

(14) Feu M. Suchet, alors curé de Sanilhac, nous écrivait en 1844 : « On trouve ici quelques livres de l'Ecriture Sainte qui avaient appartenu à M. Blachère, sur la marge desquels se trouvent des notes écrites de sa main ; ce qui fait croire qu'il lisait et méditait beaucoup ces livres divins. »

En 1843, nous fûmes nous-même à Sanilhac ; malheureusement, M. Suchet était absent. Une vieille femme nous cita des faits, touchant M. Blachère, tels que ceux que nous avons appris à St-Andéol-de-Fourchades. M. Chalbos, alors vicaire de cette paroisse, nous conduisit dans la maison qui avait appartenu, autrefois, aux parents de M. Blachère et dans laquelle il était né. Nous trouvâmes parmi plusieurs livres, quelques-uns annotés de sa main. En voici la liste :

Les Fleurs des vies des Saints, 1 volume in-12.

Vie de Saint Pierre d'Alcantara 1 v. in-4°

Les Epîtres spirituelles de Saint François, 3 v. in-18.

La Cour sainte du Révérend Père Nicolas, 2 v in-12.

La Vie de Mme la duchesse de Montmorency, 1 v. in-12.

Le Sage résolu contre la fortune, 1 v. in-18.

Panégyrique sur les mystères de N.-S., 1 v. in-12.

Sermons pour tous les jours de carême, 2 v. in-12.

Discours moraux. 5 v. in-18.

Le Berger fidèle, 1 v. in-12.

Le Pédagogue chrétien, 1 v. in-4°.

La vie du vénérable serviteur de Dieu, St-Vincent-de-Paul, 1 v. in-12.

Illiades d'Homère, 1 v. in-8.

Comme on le voit, les livres de l'Ecriture Sainte dont parle M. Suchet ne figurent pas dans cette liste ; sans doute lui-même ou d'autres curés les avaient acquis et emportés.

M. Blachère, en mourant, avait donné en grande partie ses livres à un neveu qui était prêtre et prieur de Pourchères ; ce neveu, en mourant, les avait donnés aussi à un neveu également prêtre, et qui mourut lui-même curé de Pourcheres en 1822. M. Dufour lui succéda et acheta de son héritier plusieurs livres, dont quelques-uns avaient ainsi appartenu à M. Blachère, grand oncle de ce curé. Voici la liste de ces livres :

Bonacia, théologie, 3 volumes in-f°.

Cabassus, histoire des conciles. 1 v. in-f°.

Œuvres de saint Bernard, 2 v. in-f°.

Saint Léon-le-Grand et plusieurs autres SS. PP., 1 v. in f°.

Chaine d'or de saint Thomas, 1 v. in-f°.

Beuvelet, méditation, 1 v. in-4°

Jean Croisset, retraites spirituelles, 2 vol. in-8°.

Le Pastoral de saint Grégoire le-Grand, 1 v. in-12.

Le Catéchisme du Concile de Trente. 2 v. in-12.

Le Père Cheminais, sermons, 2 vol. in-12.

Dictionnaire français-latin, 1 v. in-f°

Berzélius, traité de médecine, 1 v. in-4°.

Gizor, traité de médecine, 1 v. in-f°

Un traité de mathématiques. 1 v. in-12.

L'Imitation de J.-C., le mépris du monde, le chemin étroit du salut, réunis en un seul volume portatif et doré sur tranche, 1 v. in-18.

L'Examen particulier de M. Tronson, 2 v. in-12.

Un traité de médecine, 1 v. in-4°

Nous avons trouvé encore à St-Andéol-de-Fourchades
deux livres qui lui avaient appartenu :

Le Trésor clérical, 1 volume in-12.

Une flore, 1 v. in-12.

(15) M. Sabatier dans sa lettre, déjà citée, page 35,
ajoute : « Je me rappelle aussi très-bien avoir plusieurs
fois entendu dire au grand-père Fraysse, du village de
Pras, qu'il tenait de son père : que ce dernier avait vu plus
d'une fois M. Blachère avec la Sainte Vierge ; c'est un fait
bien avéré. »

(16) Cette maison était au village de Giron, paroisse de
Mariac, aujourd'hui du Pont-Fromentières.

(17) Dans la cave du presbytère se trouve une fontaine
dont l'eau est excellente. Quelques personnes pensent que
cette source est venue sourdre là comme miraculeusement
parce que M. Blachère ne buvait pas de vin et qu'il lui était
difficile, étant seul bien souvent, d'aller chercher de l'eau
à une fontaine assez éloignée, surtout en été, lorsque celle
qui est en face de l'église tarissait. Voici les raisons qui, à
notre avis, accréditeraient cette opinion : la première est
que si cette source eût existé avant la construction du petit
presbytère, M. le Prieur ni même la plupart des paroissiens
n'auraient permis qu'on l'eût construit en cet endroit, du
moins ils en auraient emmené l'eau hors des murs, ou bien
ils auraient laissé une avenue extérieure pour pouvoir arriver à cette fontaine. Si cette source avait été découverte
en faisant les fouilles du petit presbytère, les mêmes raisons militent pour qu'on l'emmenât hors des murs de cette
construction, ou du moins qu'on fît une avenue extérieure
pour pouvoir y aller puiser de l'eau ; or, cette fontaine est
dans la cave, et il faut pour y arriver descendre un mauvais escalier, car elle n'a pas de porte extérieure. Mais.

comme lorsqu'il s'agit de miracles il faut des preuves bien établies, nous devons, au sujet de cette fontaine, nous en tenir dans les limites d'une opinion.

(18) Ce religieux habitait le Cros-la-Planche, à quatre kilomètres environ de St-Andéol-de-Fourchades.

(19) M. Méal était natif de St-Jean-Roure, dans le canton de St-Martin-de-Valamas.

(20) M. Sabatier nous dit encore dans sa lettre : « Bien des faits miraculeux m'ont été cités par plusieurs personnes d'Aubenas, de Privas, de St-Martin, du Cheylard et de bien d'autres localités. »

(21) M. Breysse tient, dans sa lettre, à peu près le même langage que celui de M. Sabatier exprimé dans la note qui précède.

(22) M. Rousset, natif de St-Martin-de-Valamas, séminariste alors qu'il nous écrivait, est aujourd'hui curé de Colombier-le-Jeune.

(23) Mlle Colomb était avec ses parents à Burzet lorsqu'elle nous écrivit ; depuis, devenue religieuse, elle est morte supérieure des Trappistines de Maubec.

(24) La sœur Rosalie est morte à Privas entourée d'estime et de vénération l'. 

FIN.

TABLE

Privas. — Imprimerie Roure.